汉语风 中文分级 **Chinese Breeze**
系列读物 **Graded Reader Series**

rúguǒ méiyǒu nǐ
如果没有你 （第二版）

If I Didn't Have You

主 编 刘月华（Yuehua Liu） 储诚志（Chengzhi Chu）
原 创 赵绍玲（Shaoling Zhao）

北京大学出版社
PEKING UNIVERSITY PRESS

图书在版编目（CIP）数据

如果没有你/刘月华，储诚志主编. —2版. —北京：北京大学出版社，2019.10

（《汉语风》中文分级系列读物. 第2级，500词）

ISBN 978-7-301-30358-0

Ⅰ. ① 如… Ⅱ. ① 刘… ②储… Ⅲ. ①汉语—阅读教学—对外汉语教学—自学参考资料 Ⅳ. ①H195.4

中国版本图书馆CIP数据核字（2019）第034755号

书　　　名	如果没有你（第二版）	
	RUGUO MEIYOU NI (DI-ER BAN)	
著作责任者	刘月华　储诚志　主编	
	赵绍玲　原创	
责 任 编 辑	李　凌　路冬月	
标 准 书 号	ISBN 978-7-301-30358-0	
出 版 发 行	北京大学出版社	
地　　　址	北京市海淀区成府路205号　100871	
网　　　址	http://www.pup.cn　　新浪微博:@北京大学出版社	
电 子 信 箱	zpup@pup.cn	
电　　　话	邮购部 010-62752015　发行部 010-62750672	
	编辑部 010-62753374	
印 刷 者	三河市博文印刷有限公司	
经 销 者	新华书店	
	850毫米×1168毫米　32开本　2.75印张　62千字	
	2010年9月第1版	
	2019年10月第2版　2019年10月第1次印刷	
定　　　价	23.00元	

刘月华

    毕业于北京大学中文系。原为北京语言学院教授，1989年赴美，先后在卫斯理学院、麻省理工学院、哈佛大学教授中文。主要从事现代汉语语法，特别是对外汉语教学语法研究。近年编写了多部对外汉语教材。主要著作有《实用现代汉语语法》（合作）、《趋向补语通释》《汉语语法论集》等，对外汉语教材有《中文听说读写》（主编）、《走进中国百姓生活——中高级汉语视听说教程》（合作）等。

储诚志

    夏威夷大学博士，美国中文教师学会前任会长，加州大学戴维斯分校中文部主任，语言学系博士生导师。兼任多所大学的客座教授或特聘教授，多家学术期刊编委。曾在北京语言大学和斯坦福大学任教多年。

赵绍玲

    笔名向娅，中国记者协会会员，中国作家协会会员。主要作品有报告文学集《二十四人的性爱世界》《国际航线上的中国空姐》《国际航线上的奇闻秘事》等，电视艺术片《凝固的情感》《希望之光》等。多部作品被改编成广播剧、电影、电视连续剧，获各类奖项多次。

Yuehua Liu

A graduate of the Chinese Department of Peking University, Yuehua Liu was Professor in Chinese at the Beijing Language and Culture University. In 1989, she continued her professional career in the United States and had taught Chinese at Wellesley College, MIT, and Harvard University for many years. Her research concentrated on modern Chinese grammar, especially grammar for teaching Chinese as a foreign language. Her major publications include *Practical Modern Chinese Grammar* (co-author), *Comprehensive Studies of Chinese Directional Complements*, and *Writings on Chinese Grammar* as well as the Chinese textbook series *Integrated Chinese* (chief editor) and the audio-video textbook set *Learning Advanced Colloquial Chinese from TV* (co-author).

Chengzhi Chu

Chu is associate professor and coordinator of the Chinese Language Program at the University of California, Davis, where he also serves on the Graduate Faculty of Linguistics. He is the former president of the Chinese Language Teachers Association, USA, and guest professor or honorable professor of several other universities. Chu received his Ph.D. from the University of Hawaii. He had taught at the Beijing Language and Culture University and Stanford University for many years before joining UC Davis.

Shaoling Zhao

With Xiangya as her pen name, Shaoling Zhao is an award-winning Chinese writer. She is a member of the All-China Journalists Association and the All-China Writers Association. She authored many influential reportages and television play and film scripts, including *Hostesses on International Airlines*, *Concretionary Affection*, and *The Silver Lining*.

前　言

　　学一种语言，只凭一套教科书，只靠课堂的时间，是远远不够的。因为记忆会不断地经受时间的冲刷，学过的会不断地遗忘。学外语的人，不是经常会因为记不住生词而苦恼吗？一个词学过了，很快就忘了，下次遇到了，只好查词典，这时你才知道已经学过。可是不久，你又遇到这个词，好像又是初次见面，你只好再查词典。查过之后，你会怨自己：脑子怎么这么差，这个词怎么老也记不住！其实，并不是你的脑子差，而是学过的东西时间久了，在你的脑子中变成了沉睡的记忆，要想不忘，就需要经常唤醒它，激活它。"汉语风"分级读物，就是为此而编写的。

　　为了"激活记忆"，学外语的人都有自己的一套办法。比如有的人做生词卡，有的人做生词本，经常翻看复习。还有肯下苦功夫的人，干脆背词典，从A部第一个词背到Z部最后一个词。这种做法也许精神可嘉，但是不仅过程痛苦，效果也不一定理想。"汉语风"分级读物，是专业作家专门为"汉语风"写作的，每一本读物不仅涵盖相应等级的全部词汇、语法现象，而且故事有趣，情节吸引人。它使你在享受阅读愉悦的同时，轻松地达到了温故知新的目的。如果你在学习汉语的过程中，经常以"汉语风"为伴，相信你不仅不会为忘记学过的词汇、语法而烦恼，还会逐渐培养出汉语语感，使汉语在你的头脑中牢牢生根。

　　"汉语风"的部分读物出版前曾在华盛顿大学(西雅图)、范德堡大学和加州大学戴维斯分校的六十多位学生中试用。感谢这三所大学的毕念平老师、刘宪民老师和魏苹老师的热心组织和学生们的积极参与。夏威夷大学的姚道中教授、加州大学戴维斯分校的李宇以及博士生Ann Kelleher和Nicole Richardson对部分读物的初稿提供了一些很好的编辑意见，在此一并表示感谢。

Foreword

When it comes to learning a foreign language, relying on a set of textbooks or spending time in the classroom is not nearly enough. Memory is eroded by time; you keep forgetting what you have learned. Haven't we all been frustrated by our inability to remember new vocabulary? You learn a word and quickly forget it, so next time when you come across it you have to look it up in a dictionary. Only then do you realize that you used to know it, and you start to blame yourself, "why am I so forgetful?" when in fact, it's not your shaky memory that's at fault, but the fact that unless you review constantly, what you've learned quickly becomes dormant. The *Chinese Breeze* graded series is designed specially to help you remember what you've learned.

Everyone learning a second language has his or her way of jogging his or her memory. For example, some people make index cards or vocabulary notebooks so as to thumb through them frequently. Some simply try to go through dictionaries and try to memorize all the vocabulary items from A to Z. This spirit is laudable, but it is a painful process, and the results are far from sure. *Chinese Breeze* is a series of graded readers purposely written by professional authors. Each reader not only incorporates all the vocabulary and grammar specific to the grade but also contains an interesting and absorbing plot. They enable you to refresh and reinforce your knowledge and at the same time have a pleasurable time with the story. If you make *Chinese Breeze* a constant companion in your studies of Chinese, you won't have to worry about forgetting your vocabulary and grammar. You will also develop your feel for the language and root it firmly in your mind.

Thanks are due to Nyan-ping Bi, Xianmin Liu, and Ping Wei for arranging more than sixty students to field-test several of the readers in the *Chinese Breeze* series. Professor Tao-chung Yao at the University of Hawaii. Ms. Yu Li and Ph.D. students Ann Kelleher and Nicole Richardson of UC Davis provided very good editorial suggestions. We thank our colleagues, students, and friends for their support and assistance.

主要人物和地方名称
Main Characters and Main Places

黄小明 Huáng Xiǎomíng

A 16-year-old orphan; a pickpocket

夏雨 Xià Yǔ

An orphan grew up in orphanage; a freshman in college

一个有钱人 yí ge yǒu qián rén

An engineering contractor who bribes officials; a rich guy

老警察 lǎo jǐngchá

An old policeman

北京火车站 Běijīng Huǒchēzhàn: Beijing Railway Station
北京明天音乐大学 Běijīng Míngtiān Yīnyuè Dàxué: Beijing Tomorrow
Music University

文中所有专有名词下面有下画线，比如:黄小明
(All the proper nouns in the text are underlined, such as in 黄小明)

目　　录
Contents

如果没有你(第二版)

1. 黄小明是个小偷儿[1]

　　一个钱包[2]，把黄小明带进了一件大事情[3]里。

　　2007年8月29号那天，黄小明吃了早饭就来到北京火车站[4]，他拿着一瓶水，在火车站[4]的大门前从东到西，从西到东慢慢地走着。

　　黄小明今年16岁，偷[5]东西已经两年了。他长得很高，穿的衣服也很新。这个很不错的大男孩看起来[6]很快乐，不知道他是小偷儿[1]的人一定以为[7]，他是在这里等着接什么人。

　　九点，从北边开来的火车到了，很多到北京旅行的人拿着大包小包从火车上走下来，火车站[4]的大门前边，

1. 小偷儿 xiǎotōur：thief, pickpocket
2. 钱包 qiánbāo：wallet
3. 事情 shìqing：matter, event, affair, thing
4. 火车站 huǒchēzhàn：railway station
5. 偷 tōu：steal
6. 看起来 kàn qilai：look like
7. 以为 yǐwéi：be under the impression that

人一下子多起来。<u>黄小明</u>知道，偷⁵东西，这个大门前边是个好地方。

　　<u>黄小明</u>的眼睛跟上了一个男人。

　　这是个 40 多岁的人，他长得很白，穿着很贵的衣服，还拿着一个很漂亮的大黑包。看见这个包，<u>黄小明</u>的眼睛一下子大了！两年前，<u>黄小明</u>刚开始学偷⁵东西的时候，就是先学着认识<u>中国</u>和外国的包，然后再想办法

5

打开[8]它们。现在，他已经能很容易地打开[8]一百多种包了。黄小明知道，这个男人的包很不错，只有在很有名的大商店里才能买到。买这种包要很多钱，所以，这个男人一定是个很有钱[9]的人。 5

黄小明打算偷[5]这个有钱[9]的男人。

黄小明只偷[5]那些看起来[6]特别有钱[9]的人。因为那些人的钱好像特别多，偷[5]了他们的钱包[2]，他们好像一 10
点儿事儿都没有[10]。他不知道那些人

8. 打开 dǎkāi: open up
9. 有钱 yǒu qián: rich
10. 一点儿事儿都没有 yìdiǎnr shìr dōu méiyǒu: feel nothing of it

的钱为什么那么多，所以，偷⁵那些有钱⁹人的钱，黄小明一点儿都不觉得对不起他们，更不觉得有什么错。

　　黄小明很会偷⁵东西，每次偷⁵人钱包²的时候都做得很"干净"。现在，他在火车站⁴前边准备偷⁵那个刚下火车的特别有钱⁹的男人。他一点儿也不紧张，眼睛看着别的¹¹地方，慢慢地往那男人旁边走去……黄小明从他身体旁边很快地走过去，那个男人没觉得有什么事，可是包里的钱包²已经让黄小明拿走了！

　　但是黄小明怎么也没想到¹²，就是这个钱包²，把他带进了一件大事情³里。

　　黄小明更没想到¹²，这件事被¹³一个叫小三儿的小偷儿¹看在眼睛里。

　　黄小明不喜欢这个小三儿。

> Want to check your understanding of this part?
> Go to the questions on page 55.

---

11. 别的 biéde: other

12. 没想到 méi xiǎngdào: have not expected that

13. 被 bèi: a word used to bring in the actor or agent in a passive sentence

2. 一只眼睛的小三儿

　　小三儿长得很黑，眼睛很小，快18岁了，还没有黄小明高。黄小明常常想，就是叫小三儿再长10年，他也不会有自己这么高！

　　小三儿只有一只眼睛看得见，那只看不见的眼睛，是去年偷⁵东西的时候被人打坏的。

　　黄小明不喜欢小三儿，因为他谁的东西都偷⁵。黄小明看见他偷⁵过一个老人，那个老人穿的衣服很旧，一看就知道，老人生活得很不容易。黄小明还看见他偷⁵一个在火车站⁴工作的女服务员，那个服务员有40多岁，工作很重，也很累，小三儿知道这样的人，钱来得很不容易，可是他还是偷⁵了她的钱包²。所以，黄小明很不喜欢小三儿。

　　虽然小三儿只有一只不大的眼睛，但是他这只眼睛还挺好用，现

在，他用这只小眼睛看见黄小明拿走了那个男人的钱包²。

这时候，从中国的西边开来的火车叫着进站了，又有很多人拿着行李走出了火车站⁴的大门。

一个女孩搬着一个白颜色的包走出来，可能是那个包太大、太重，那个女孩走得很慢，她走一会儿，站一会儿，然后往别的¹¹地方看一看，再走一会儿，站一会儿。这个女孩很漂亮吗？不，和很多电影、电视里的姑娘比，她不是特别漂亮，不过一看见她，黄小明就觉得自己有点儿紧张，脸[14]也一下子热起来！他觉得这是他看见过的最好看的女孩！

这个女孩长得很高，一双眼睛黑黑的，大大的，白白的脸[14]有一点儿红，就像苹果一样。她穿着很好看的衣服，颜色是白的。这件衣服不贵，但是穿在她身上很可爱，叫人觉得她从里到外都那么干净。这种干净，是电影、电视里那些漂亮的姑娘没有的，这种干净是上过不少学，看过不

14. 脸 liǎn：face

少书的人才会有的，叫人一看就觉得特别舒服。黄小明虽然没有上过几年学，也没有看过几本书，但是他特别喜欢这种干净。

5　　黄小明知道，从看见这个女孩的第一分钟开始，他就喜欢上了这个女孩！他觉得今天来这里，就是来等她的！

　　她一定是第一次来北京，这里的东西她以前一定没有见过，也一定觉得很有意思，因为她站在那里看看这儿，

10　看看那儿 15，好像很高兴。黄小明想，再过一个星期暑假就完了，大学就开始上课了，所以最近北京火车站 4 的人特别多。好多爸爸妈妈坐火车送孩子来上大学，她应该也是来上大学

15　的，可是，为什么她只有一个人呢？

　　这时候，一只眼睛的小三儿也看见那个女孩了，他很快地往她那里走去……坏了！小三儿走到她旁边，找

20　机会偷 5 走了她的钱包 2！

　　"有小偷儿 1！小偷儿 1 偷 5 了我的钱包 2！谁能帮帮我？"小三儿刚从那个女孩身边走过，那个女孩就觉得有什

---

15. 看看这儿,看看那儿 kànkan zhèr, kànkan nàr: look around

么地方不对，钱包²没了，她就马上大叫起来。

　　小三儿做的事，黄小明都看见了，他很不高兴，飞一样地往小三儿那儿跑去。"今天我一定要让他知道，学生的钱是不能偷⁵的！"

　　黄小明跑得快极了，像和小三儿比赛一样。不到五分钟，小三儿就累得不行了。

　　"把钱包²送回去！"黄小明的脸¹⁴冷冷地，他不客气地对小三儿说："记

5

10

着，以后再偷⁵学生的钱，我看见一次
打你一次！"

小三儿不高兴地慢慢拿出钱包²，
跟着黄小明往回走，他很不想这样
5　做，不过他又很怕黄小明。因为黄小
明在小偷儿¹里边很有名，很会偷⁵东
西，还一点儿都不怕事。黄小明习惯
到火车站⁴、飞机场去偷⁵，那里有钱⁹
的人很多，一些要上火车或者要上飞
10　机的人，还有刚下火车或者刚下飞机
的人，都有不少钱。他还常常到大商
店去，那里有钱⁹的人更多，在那里，
他可以找机会偷⁵到有钱⁹人的钱包²。
看见那些没有饭吃、没有衣服穿的小
15　孩儿和老人，还有那些没偷⁵到钱的小
偷儿¹朋友，他还常常给他们一些钱，
所以，很多小偷儿¹都觉得他好，几个
比他大的小偷儿¹也叫他"大哥"，
很听他的话。

现在，小三儿刚偷⁵到钱包²就被
20　黄小明看见了，小三儿很不高兴。他
跟在黄小明后边慢慢地走回来，把手
里的钱包²还给了那个女孩。

Want to check your understanding of this part?
Go to the questions on page 55–56.

3. "我觉得你特别像警察[16]！"

看见<u>黄小明</u>帮助自己把钱包[2]要回来，那个女孩高兴极了，"谢谢你！"她大大的黑眼睛一直看着<u>黄小明</u>，"你跑得真快……请问，你是警察[16]吗？"

16. 警察 jǐngchá: police

黄小明一下子不知道怎么说才好，就红着脸[14]半开玩笑地说："警察[16]？啊，不，不，我不是警察[16]。""那你是做什么的？"女孩又问。"可以说，我是喜欢给警察[16]找一点儿小麻烦[17]的人！"说完，黄小明笑了。

"你真有意思。"那个女孩也愉快地笑起来。

黄小明觉得，她笑得好看极了……

看着他们两人像好朋友一样在一起，小三儿站在旁边很不高兴。

"我叫夏雨，是来北京明天音乐大学学习的。你贵姓？"那个女孩问。

"啊，我姓黄，叫黄小明。欢迎来北京！"

听他这样说，夏雨又笑了，"啊，黄小明，很好的名字！你知道去明天音乐大学怎么走吗？"夏雨跟黄小明刚刚认识，但是她觉得黄小明已经是自己的朋友了。

听见那个音乐大学的名字，站在他们旁边的小三儿看了看夏雨。

"明天音乐大学？我知道！"黄小

---

17. 给……找麻烦 gěi……zhǎo máfan: give sb. trouble

明高兴地说:"我带你去。能上那家音乐大学,你唱歌一定唱得特别好!"黄小明觉得夏雨说话[18]就像唱歌一样好听[19]。

"黄小明,你是我到北京以后认识的第一个人。真的,认识你真高兴!"夏雨这样说的时候,眼睛热热的,一直看着黄小明。

长到16岁,他还没有和一个女孩站得这么近,也没有一个女孩这样看着他的眼睛和他说话[18]。这次,黄小

18. 说话 shuō huà: speak, talk, say
19. 好听 hǎotīng: pleasant to hear

明是真的紧张了，他很怕夏雨看出他的紧张，就很快地拿起夏雨的行李。行李很重，但是黄小明走得很快。

"快点儿走吧，路不近呢！"

5 看着黄小明和夏雨走远了，听不见了，小三儿才很不高兴地叫着说："姓黄的，你等着！"

上公共汽车的人比较多，黄小明买了票，和夏雨站在后门那里，这个

10 地方很好，可以很方便地给夏雨介绍路边上的大商店和大公司。

一个男人从他们旁边走过，站到一个老奶奶旁边。一看他站得和老奶奶那么近，黄小明马上知道他想要做

15 什么。

"看见那个男人了吗？"他对夏雨说，"看，看……他就要偷⁵那个老奶奶的东西了！"

"啊，真的！"黄小明这样一说，

20 夏雨也看见了，"怎么办，你有办法吗？"她很快地问。

"不知道，让我试试。"

因为车上人很多，那个男人动了动身体，就把老奶奶的钱包²放到了自

己的衣服里，然后很快地往后门走去。公共汽车慢下来，快要进站停车了。

就在那男人从<u>黄小明</u>旁边走过，到后门准备下车的时候，谁也没看见是怎么回事，那个钱包[2]已经到了<u>黄小明</u>的衣服里。 5

那个男人下去以后，公共汽车的门关上了，公共汽车又开起来。<u>黄小明</u>走到老奶奶身后，钱包[2]又回到了老奶奶衣服里。 10

钱包[2]离开老奶奶一共只有几分钟，老奶奶站在那儿，拿着一张报纸、一本杂志，还有一些菜，眼睛一动不动[20]地看着外面，什么都不知道。

"啊，你真行[21]！"<u>夏雨</u>高兴地叫 15
起来。

帮老奶奶拿回了钱包[2]，还让<u>夏雨</u>这么高兴，<u>黄小明</u>觉得很愉快，他有点儿不好意思地说："没什么。知道吗，这是我的工作啊！" 20

"我觉得你特别像警察[16]！"

"别，别，最好别跟我说警察[16]！"

---

20. 一动不动 yí dòng bú dòng: keep one's body unmoved
21. 行 xíng: able, competent

黄小明半开玩笑地说。

　　"啊，我知道了，你一定是有空儿就出来做好事的人，我听说过，北京有一些这样的年轻[22]人！对了，你也是学生吧？"

　　黄小明的脸[14]一下子红了，他不知道怎么说才好，想了一下，他很快地说："不是，我在一家公司工作。"他往旁边看去。他说的不是真话，所以他怕看夏雨的眼睛。

　　走进音乐大学的大门，黄小明一下子不走了——黄小明只上过三年学，这是他第一次走进大学的门。

　　音乐大学很大，也很漂亮，夏天的音乐大学就像风景画儿，黄小明和夏雨像参观一样在学校里慢慢地走，慢慢地看。大学里有一些新楼，很高很大，还有一些旧房子，比较小。有人在这些楼的旁边玩儿，几个男学生在打篮球，也有人在做别的[11]运动，还有人在教室里唱歌。黄小明觉得，大学里有那么一种东西，叫人觉得很舒服，这种东西虽然看不见，但是你

22. 年轻 niánqīng：young

能知道，就像<u>夏雨</u>那种从里到外的干净一样。这让<u>黄小明</u>很喜欢。<u>黄小明</u>想，大学真是个好地方，我要是也能上大学，那多好啊……

16年来<u>黄小明</u>第一次这样想。

这天晚上，想着<u>夏雨</u>，想着大学，<u>黄小明</u>第一次不能很好地睡觉。

5

Want to check your understanding of this part?
Go to the questions on page 56.

4. 一万²³块钱换两千²⁴块？

第二天，黄小明起床后吃了点儿东西，又习惯地来到北京火车站⁴。看看表，才八点，时间还早。火车站⁴外边的路上人不多，但是出站的门那里站着很多人，他们不像在排队²⁵，好像在看什么东西。

黄小明走近那些人。

他看见门旁边有一张大纸²⁶，纸²⁶上写着一些字，虽然是汉字，但是因为他只上到小学三年级，所以那些字认识的少，不认识的多。

"啊，真有意思！"一个男人对一个女人说，"昨天上午，小偷儿¹偷⁵走了一个人的钱包²，现在，这个人要用一万²³块钱买回那个钱包²！要是有人告诉他，那钱包²是谁偷⁵走的，也可

---

23. 万 wàn: ten thousand
24. 千 qiān: thousand
25. 排队 pái duì: stand in a queue (or line)
26. 纸 zhǐ: paper

以得到²⁷五千²⁴块钱!"

"那个钱包²里一定有什么好东西，所以他才要用这么多钱买回来。"女人很快地说。

黄小明想，这个钱包²应该不是自己昨天偷⁵的那个。因为昨天他在这里偷⁵的那个钱包²，里面一共只有两千²⁴多块钱。谁会拿一万²³块钱买回只有两千²⁴多块钱的钱包²呢? 有病吗?

这样想着，他慢慢地走开了。

可是，刚走了一会儿，黄小明就看见一个人，一只眼睛的小三儿。啊，在小三儿的旁边，是昨天自己偷⁵的那个特别有钱的人! 那个人手里拿着一个很贵的手机，他的眼睛往北看看，往南看看，往东看看，再往西看看，好像在找什么人。在他旁边，还站着两个穿黑颜色衣服的高大的男人。

"就是他!" 小三儿一看见黄小明，就对那个特别有钱的人说。那个人马上对他旁边两个高大的男人说："快，别让他跑了!" 还马上打开手机想给黄小明照相²⁸。"不好!" 黄小明

5

10

15

20

27. 得到 dédào: obtain, acquire, earn, gain
28. 照相 zhào xiàng: take a picture

飞一样地跑了。

那两个高大的男人听了有钱⁹人的话，很快地往黄小明这边跑。黄小明跑得非常快。

5 "你跑不了²⁹了!"那两个高大的男人在后边跑着大叫。

黄小明非常清楚，他应该往西跑，因为那里有很多路，也有很多公共汽车。他跑得快极了，那两个高大10 的男人慢慢地离他远了……

29. 跑不了 pǎo bu liǎo: cannot escape

他到的时间非常合适，路旁边有公共汽车，人们已经上去了，快要关门了，黄小明叫着"等等我！等等我!"一下子跑了上去，公共汽车带着累得要死的黄小明开走了。 5

那两个高大的男人没有上来，只能看着公共汽车走远了。

休息了一会儿，黄小明觉得不那么累了，他看了看公共汽车，笑起来——这是到那家音乐大学的车啊！很 10好，这时候，黄小明很想见到夏雨，他觉得他们好像好久不见了。

Want to check your understanding of this part?
Go to the questions on page 57.

5．黄小明脸¹⁴红了，夏雨的脸¹⁴也红了

　　虽然还在暑假里，后天才开始上课，可是大学里已经来了不少学生。有些男学生在打篮球，有个男学生在房间里唱歌，黄小明觉得那个歌不怎么好听¹⁹。

5

　　黄小明到了夏雨住的楼。夏雨的房间半开着门，里面有女孩子在唱歌，好像是外国歌。黄小明虽然听不懂，但是觉得这个歌非常好听¹⁹，一个中国人能把外国歌唱得这么好，真不容易。他站在门外很有兴趣地听了半天³⁰，还是没听够³¹。等里面的女孩不唱了，他才说："请问，夏雨在吗？"里面的女孩说："您问我们班的同学夏雨啊？她在忙着工作。"这次，黄小明真的不懂了，夏雨昨天才到北京来学习，今天怎么就工作了呢？女孩又说："您到图书馆去找她吧！"

10

15

---

30. 半天 bàntiān：quite a while
31. 没听够 méi tīnggòu：have not heard enough

音乐大学的图书馆是一个新的大楼，一进图书馆的大门，黄小明的眼睛就不够用了！他哪儿见过这么多书和报啊！更没见过这么多学生！他们都坐在桌子前面，有的看书，有的写东西……

可是夏雨在哪儿呢？

黄小明往左边看看，又往右边看看，没看见夏雨。"夏雨！"黄小明大叫起来。这一叫，看书的人们不看书了，写东西的学生们也放下笔，他们都看着黄小明，好像都有点儿不高兴，好像说："这个人怎么了？"

黄小明觉得非常不好意思。

夏雨正在收拾图书馆，听见黄小明这样大叫，她很快地走过来。

"这里是图书馆，大家在看书，请不要叫……"她走到黄小明旁边以后说。这话只有黄小明一个人能听见。

黄小明知道自己错了，可是和夏雨见面，他还是特别高兴，不知道说什么好，就一直看着夏雨笑。他不知道自己怎么了，就觉得脸[14]一会儿比一会儿热。看见他这样，夏雨的脸[14]也红了……

5

10

15

20

25

夏雨很快地说："请先出去等一会儿。现在是十点，再过二十分钟，我就有空儿了，那时候，我就可以把图书馆收拾完了。"

5　　比她说的还快，十点一刻，夏雨就和黄小明一起走出了图书馆。

Want to check your understanding of this part?
Go to the questions on page 57.

6. 夏雨的路

夏雨和黄小明一起走在学校的小路上。夏雨清楚极了，她已经从黄小明的眼睛里看出他在想什么问题。

"想知道我为什么上大学还要工作，是不是？"

夏雨对黄小明慢慢说起来。

5

"我是个从小³²就没有了爸爸妈妈的孩子。"

"啊!"一听这话，黄小明叫起来!

5　"17年前一个夏天的早上，那是个周末，天下着雨，我被人放在公园的小路上，用一件旧的黑衣服包着。那时候我可能只有一个月大，生着病，可能是重感冒，正在发烧，差不多快要死了。看到我的人把我送进

10　了孤儿院³³，孤儿院³³的阿姨像对自己的女儿一样，一点儿一点儿地给我吃药，给我喝热的东西，我才没有死。就这样，我的名字就叫夏雨了。"

啊，黄小明真想不到³⁴，夏雨，

15　这么可爱的名字后面，会有这样一个又冷又重的故事。

"那，以后呢?"黄小明很快地问。

"在阿姨的爱里我长大了，我喜欢游泳，喜欢画画儿³⁵，也喜欢唱歌，

20　生活得非常快乐。那个孤儿院³³有很长的历史，那里就像一个大的家，有小姐姐小妹妹和小哥哥小弟弟。有小

32. 从小 cóngxiǎo: from one's childhood
33. 孤儿院 gū'éryuàn: orphanage
34. 想不到 xiǎng bu dào: cannot expect
35. 画画儿 huà huàr: draw pictures

朋友过生日的时候，大家都要表演[36]。我常给过生日的小朋友唱歌，或者把自己画的画儿送给他做礼物，小朋友收到我的礼物都很高兴。阿姨说：'夏雨，你画得好，但是唱得更好，你就好好儿[37]唱歌吧，我希望你长大后能考上中国最有名的音乐大学，要是你能到音乐大学学习几年，以后就可以到外国去学习音乐，到很多国家和城市去唱歌，那多好啊！'那些年，阿姨用她的钱给我请了很好的音乐老师，教我唱歌，还找了一个来中国学习汉语的美国人[38]帮助我复习英文，准备大学的考试。现在，我真的到这个音乐大学学习了，我要好好儿[37]谢谢孤儿院[33]的阿姨！"

"啊，是这样。"黄小明现在知道为什么夏雨来北京的时候，没有爸爸妈妈送她了。

"你们的孤儿院[33]真好啊。你在孤儿院[33]都做什么？"黄小明很想多知道一些孤儿院[33]的事。

5

10

15

20

---

36. 表演 biǎoyǎn：perform
37. 好好儿 hǎohāor：all out
38. 美国人 Měiguórén：American

"小的时候我们又学习，又玩儿。长大一些了，阿姨就教我们做很多自己应该做的事，像收拾房间、洗碗、洗衣服，还带我们旅行。几年以后，我

5　唱歌已经唱得很好了。有一次，外边有很多人来孤儿院³³参观，我们就给他们唱歌跳舞。我唱了我喜欢的歌。两天以后，有个姓白的阿姨找到孤儿院³³，叫我去她家教她女儿唱歌。这

10　样，每个星期二和星期四下午，我下课³⁹以后，就到白阿姨家教她的女儿。暑假和冬天特别冷的时候，学校不上课了，我就每天早上早早起来，去帮助一家公司收拾办公室⁴⁰、送报

15　纸、寄信。我去寄信的时候骑自行车，我骑在自行车上，还不停⁴¹地唱歌。晚上我只看一会儿电视就开始学习。在孤儿院³³一边⁴²学习一边⁴²工作，我觉得很快乐。工作换来的钱，

20　我都放到银行里，就这样，银行里的钱一天比一天多了，去年冬天，我用这些钱买了一个电脑！"

39. 下课 xià kè：get out of class
40. 办公室 bàngōngshì：office
41. 不停 bùtíng：continuously
42. 一边 yībiān：while, as, at the same time, simultaneously

"你们在孤儿院³³吃什么?"

"吃的是热饭热菜,每天午饭以后还有水果,我觉得很不错。"

听完夏雨的故事,黄小明半天³⁰没有说话¹⁸。他怎么也想不到³⁴,没有爸爸妈妈的孩子还可以这样生活,可以不用偷⁵,可以用工作去换钱……他,一只眼睛的小三儿,还有一些别的¹¹因为没有爸爸妈妈,没有钱吃饭才去做小偷儿¹的孩子,要是也能像夏雨这样住在孤儿院³³,有阿姨的爱,又学习又工作,用自己工作换来的钱买电脑,上大学,那多好啊……

5

10

Want to check your understanding of this part?
Go to the questions on page 58.

7. "我是小偷儿[1]……"

看着夏雨脸[14]上快乐的笑，黄小明也高兴起来。他现在更喜欢夏雨了。他也第一次知道，喜欢上一个女孩有多好，你喜欢上她，她的快乐就是你的快乐了。

在这么大的快乐里，黄小明把什么都忘了。忘了时间，忘了天气热，忘了应该对夏雨说什么，也忘了那两个穿黑衣服的男人……

"对了，黄小明，你知道书店在哪儿吗？我要买一本英汉词典[43]，就是上面有英文也有中文的那种，上英文课的时候用。"

黄小明不知道什么叫英汉词典[43]，他没见过这样的词典，但是他知道书店就在火车站[4]西边不远的地方。他常常去那里，两天以前，他还在那里偷[5]过一个非常有钱[9]的女人。那个女人非

43. 英汉词典 Yīng-Hàn cídiǎn: English-Chinese dictionary

常年轻²²，长得很好看，开的汽车特别贵，车里带着一只小狗，还带着家里的女服务员，就跟外国电影里有钱⁹的女人差不多。她先到书店旁边的商店买了很多衬衫、裤子，都是很贵的，叫走在后边的女服务员拿着，又到旁边的商店买了一大包水果和酒，也叫那个女服务员拿着。她买完东西又去洗照片，大概，长得好看的女人都喜欢拍⁴⁴照片吧。然后，她走进书店买电影杂志。她走得很快，谁都不看，眼睛看着天。黄小明很不喜欢这个女人。这个女人在给了钱，等着开票⁴⁵的时候，拿出手机开始打电话。黄小明清楚，这个时间很好，就一点儿不客气地偷⁵走了她的钱包²。

　　在那家书店，夏雨买到了她想要的英汉词典⁴³。

　　就在他们拿着词典高高兴兴⁴⁶从书店里出来的时候，黄小明一下子看见了那两个高大的男人！已经过了好几个小时，他们好像很热，也很累。

---

44. 拍 pāi：photograph
45. 开票 kāi piào：invoice (v.)
46. 高高兴兴 gāogāoxìngxìng：happily

"啊，除了一只眼睛的小三儿，没有人知道我喜欢到这里来偷⁵东西，一定是小三儿告诉他们的！"黄小明想。

这个时候，那两个男人刚从一家商店走出来。就在黄小明看见他们的时候，他们也看见了黄小明！"快抓⁴⁷他呀，他是小偷儿¹！"他们大叫着跑过来。

黄小明知道事情³不好，他很快地对夏雨说："不要跟着我！"说完就飞一样地跑起来。可是夏雨没有听他的，一直跟着他一起跑。黄小明没办法，就带着夏雨一起跑。

47. 抓 zhuā: grab, seize, arrest

黄小明认识这里的路。他和夏雨从这个商店的北门跑进去，又从西门跑出来；再从那个商店的大门跑进去，又从小门跑出来……一会儿，那两个男人就找不到[48]他们了。 5

看见夏雨累极了，黄小明不跑了。

"为什么?"休息了一会儿，夏雨问，"告诉我，刚才他们为什么说你是小偷儿[1]?"

黄小明的脸[14]红极了，他不知道 10 该怎么说。要是告诉夏雨自己是小偷儿[1]，她还会和自己做朋友吗……他真怕再也看不见夏雨。可是，对夏雨这样从里到外都那么干净的女孩，不说真话……黄小明想都不能想。 15

"我，我是个坏男孩……"黄小明声音[49]很小，很慢地说。

"不，你错了!"夏雨叫起来，"你是好人，昨天你帮助了我，还帮助了那个老奶奶!" 20

"但是，我真的是小偷儿[1]……""小偷儿[1]"两个字，黄小明说得很难。说

---

48. 找不到 zhǎo bu dào: cannot find
49. 声音 shēngyīn: voice, sound

这句[50]话的时候，他怕看夏雨的眼睛。

夏雨一下子不说话[18]了，她看着黄小明，眼睛里有很多说不出来的东西。过了一会儿，她才慢慢地说：

"告诉我，为什么?"

听见她这样问，黄小明的眼睛里，一下子有了很多很多的泪水[51]。没有了爸爸妈妈以后，他一直没有这样过。他一下子觉得身上又冷又累……

他说出了自己的故事。

那是4年前的春天，黄小明的爸

50. 句 jù: a measure word for sentences, lines
51. 泪水 lèishuǐ: tears

爸妈妈都生病了，开始，他们发烧，很像重感冒，过了两天肚子开始疼，特别疼。大夫给他们吃了一些药，他们的病还没有好，大夫就叫他们住进医院里。在医院里，他们一直发烧和 5 肚子疼，医生又叫他们吃了很多药，可是还是没有好。给他们看病的医生也没有办法了。没有多久，他们都死了。12岁的黄小明没有钱吃饭，更没有钱上学校学习。听说，北京很大， 10 有很多可以挣 52 钱的工作，那年冬天，黄小明就跟着几个人来到了北京。

但是，他太小了，没有工作可以做。那一天，他早上和中午都没有吃饭，天气非常冷，黄小明很想吃晚 15 饭，但是他一块钱——不，他一分钱都没有……天快黑了，他坐在一个房子前边，肚子叫着，快要站不起来了……

两个老人看见了他，一个老奶奶，一个老爷爷，他们穿的衣服都很旧。看 20 见坐在地上的黄小明，老奶奶不走了，对老爷爷说："你看，那个孩子……"老爷爷也不走了，慢慢地看了看他，

52. 挣 zhèng: earn (money, etc.)

然后问：“你是谁家的孩子？爸爸妈妈
呢？”黄小明慢慢地说：“我没有家
了。爸爸妈妈都病死了……”黄小明
这样说着的时候，肚子又叫了起来，
5　　老爷爷一定听见了，他马上从一个小
包里拿出一些吃的东西，给了他。这
是只有小商店里才卖的东西，这种东
西因为便宜，所以不太好吃，只有钱
少的人才会买这种东西吃。但是，那
10　　一天，在黄小明的眼睛里，这真是最
好的东西！

　　过了一会儿，老奶奶又回来了，

这次，她从家里拿来一件冬天穿的衣服，对黄小明说："孩子，这衣服虽然旧了点儿，长了点儿，但是还挺干净，挺暖和，快点儿穿上吧。"

后来[53]又有一些人看见他很小，没有东西吃，就给他帮助。几天以后，黄小明懂了，那些帮助他的人，差不多都是像那两个老爷爷、老奶奶一样，是没有多少钱的人。所以，黄小明一直记着那些人，从开始偷[5]东西到现在，他都不偷[5]他们的钱。

夏雨的眼睛里也有了很多泪水[51]："咱们都是没有爸爸妈妈的孩子……"

黄小明又说了那个有钱[9]的男人要用一万[23]块钱买回那个只有两千[24]块钱的钱包[2]的事。

夏雨觉得这事好像什么地方不太对……

"咱们应该好好儿[37]看看，那钱包[2]里还有一些什么东西？"她说。

他们一起回到黄小明住的地方。

5

10

15

20

Want to check your understanding of this part?
Go to the questions on page 58–59.

53. 后来 hòulái：later, later on, then, afterwards, subsequently

8. 问题就在一张小小的光盘⁵⁴里

那个钱包²还在房间的桌子上放着，夏雨拿起来慢慢地看。

"啊，这是什么?"夏雨看见一个很小的像DVD光盘⁵⁴的东西在钱包²的最里边。黄小明前一天晚上就看见了这个东西，但是他不知道它是什么。

"这应该是一个小光盘⁵⁴。"夏雨拿着它看了半天³⁰，"可能，问题就出⁵⁵在这里面?"

他们很快地回到了音乐大学，夏雨把它放到自己的电脑里，她说的没错，一会儿，就有像电视一样的画面⁵⁶出来了!

前面的画面⁵⁶，是那个特别有钱⁹的男人和一个老男人在一起吃饭，那个特别有钱⁹的男人叫那个男人"局长⁵⁷"，

54. 光盘 guāngpán：CD, disk
55. 出 chū：come out
56. 画面 huàmiàn：image (of movie, TV, etc.)
57. 局长 júzhǎng：director general

吃完饭，那个特别有钱[9]的男人送给那个局长[57]很多钱。后面的画面[56]是那个特别有钱[9]的男人和一个女人在一起吃饭，吃完饭，他也给了那个女人很多钱，还说，以后要请她的先生多多帮助。然后，<u>黄小明</u>和<u>夏雨</u>看见，又有一个人从那个特别有钱[9]的男人那里拿了很多钱，他们知道，这个人官比局长[58]大，因为他前几天还在电视上出来过！

5

10

58. 官比局长大 guān bǐ júzhǎng dà: the rank is higher than
    director general

拿了钱的人们都很高兴，都笑着，说的话也都差不多，"那个大工程[59]一定给你做！"

看着那些画面[56]，夏雨和黄小明的眼睛都大了……

"他们这是在做坏事！"夏雨很快地对黄小明说："那个男人不会白[60]给他们钱，如果得到[27]那个大工程[59]，那个男人就会从工程[59]里拿回更多的钱！他这是在用钱买国家的工程[59]啊！"

黄小明说："我在电视和电影里看到过很多这样的事，以前以为[7]那只是故事，现在才知道，这些事都是真的！"

"这些画面[56]可能是那个送钱的人拍[44]的，他怕那些人拿了钱又不给他工程[59]，才拍[44]下来做证据[61]的。现在，这就是他们一起做坏事的证据[61]！我想，他们要用一万[23]块钱买回去的应该是这个光盘[54]！"夏雨很快地说，"黄小明，他们已经知道这证据[61]在你

59. 工程 gōngchéng：(architecture) works
60. 白 bái：in vain (adv.)
61. 证据 zhèngjù：evidence, proof

这里，你现在有麻烦，他们不会放过⁶²你！"

"我应该怎么办呢？"黄小明觉得夏雨是大学生，什么都懂，跟他真的不一样，他现在很想听听夏雨怎么说。5

"你应该到警察¹⁶那里去……"

夏雨还没说完，黄小明的脸¹⁴就白了。"警察¹⁶？"要知道，小偷儿¹黄小明最怕的就是警察¹⁶啊！

"对，去找警察¹⁶。"夏雨说，"现10在，你没有别的¹¹路可以走，只有警察¹⁶才能帮助你。要不然⁶³，那些人一定会找到你。如果他们知道你已经看过这光盘⁵⁴，看见了他们做的坏事，就一定会要你死！我不希望我刚刚认15识的、喜欢的朋友就这样死去，更不希望我的朋友怕警察¹⁶。"这样说的时候，夏雨的眼睛热热地看着黄小明。被夏雨这样看着，黄小明脸¹⁴上也是热热的……他太喜欢夏雨了，他也不20能没有夏雨！还有，他觉得夏雨非常行²¹，在大事情³上非常清楚。

他也一下子什么都不怕了，"他们

62. 放过 fàngguo：let off, let go
63. 要不然 yàoburán：otherwise

41

不放过⁶²我，现在，我也不打算放过⁶²他们！我马上就拿着光盘⁵⁴去找警察¹⁶！”

　　夏雨笑了：“你是一个好人，黄小明。我知道你从今天开始会更好，会真的是我的好朋友。”

5

Want to check your understanding of this part?
Go to the questions on page 59.

9. "对不起，再见！"

黄小明把光盘[54]放到衣服里，和夏雨一起很快地走出音乐大学的大门，他们准备去找警察[16]。

但是，刚刚走到学校外边，就有一辆黑颜色的汽车跟了上来，开到黄小明身边的时候，汽车的门一下子打开[8]了，有个穿黑衣服的人很快地把黄小明抓[47]上了汽车！黄小明一看，开

5

车的也是一个穿黑衣服的人，旁边坐着的是那个特别有钱⁹的人，他知道事情³不好，就马上对车外大叫："夏雨快跑！快……"夏雨一看出了这样的事，非常清楚应该做什么，她马上飞一样地跑了。

"黄小明，你有大麻烦了！你的女朋友和你一样，也跑不了²⁹！"

那个特别有钱⁹的人对着黄小明的头重重地打了一下，"把钱包²拿出来！"

"什么钱包²？"黄小明觉得头非常疼，但他还是像不懂一样，一点儿也不紧张地问。

"不给？在他衣服里找！"那个特别有钱⁹的男人说，穿黑衣服的男人马上开始在黄小明的衣服、裤子里找。但是，谁也不知道怎么回事，就在他的身体离黄小明很近的时候，那个光盘⁵⁴已经放在他的黑衣服里了。

"没有。"找了半天³⁰以后，穿黑衣服的男人对特别有钱⁹的男人说。可是，就在他的眼睛看着那个特别有钱⁹的男人说话¹⁸的时候，那个光盘⁵⁴又回到了黄小明的衣服里。

“走，到他家里去找！”特别有钱[9]的男人很快地说。

“一定是小三儿告诉他们这个音乐大学的，小三儿也一定已经告诉他们我住在哪里了……这个小三儿，因为五千[24]块钱就卖了朋友！下次见了他，我一定不放过[62]他……可是，夏雨现在在哪里呢？”就在黄小明这样想的时候，汽车开到了他住的地方。

黄小明住在离城市不远的地方，那里很有意思，从前面看是个楼，但是楼后有一个小山，和楼非常近。黄小明住的房间虽然在三楼，但是因为小山跟他的房间差不多高，楼和小山又非常近，所以，从他的房间往后看出去，就好像住在一楼，很快就能到外边的小山上。以前，因为不想被警察[16]抓[47]到自己，黄小明早就在厨房里准备了一块木板[64]，用这块木板[64]，可以很容易地从厨房跑到小山上。

黄小明很高兴，这种准备，小三儿是不知道的。

到了黄小明的家，穿黑衣服的人

5

10

15

20

64. 木板 mùbǎn: plank, board, floor-board

很有办法地打开⁸了房间的门，那个特别有钱⁹的人最先走进去，一进门他就看见，他的黑钱包²正在桌子上放着！

5　"啊！在这儿！"他大叫着很快地跑过去，那个穿黑衣服的男人也跟着跑过去，就在他们高兴地拿起那个黑钱包²的时候，黄小明已经飞一样地用那个早就已经准备好的木板⁶⁴，从厨房的窗户⁶⁵一下子跑到了房子后边的

10　小山上！他把木板⁶⁴拿开⁶⁶，站在小山

65. 窗户 chuānghu: window
66. 拿开 nákāi: take away

上，对着房间里的几个男人大笑起来。

那几个男人的脸 [14] 一会儿红一会儿白，他们站在房间里看着<u>黄小明</u>，一点儿办法也没有。

5

"喂，对不起，再见！"<u>黄小明</u>唱着歌跑了。

Want to check your understanding of this part?
Go to the questions on page 60.

10. 如果没有你

刚跑到警察[16]那里，就看见警察[16]正准备开车出来，可能就是要去找他吧，因为他看见夏雨就坐在警察[16]的车里。他马上大叫："夏雨，我来了!"

在警察[16]那儿，黄小明拿出光盘[54]，跟警察[16]很快、很清楚地谈了这两天的事情[3]。说完，他有点儿不好意思地问："警察[16]先生，我是不是来晚了?"

一个老警察[16]很客气地对黄小明和夏雨说："没关系，不晚，不晚。你们先喝点儿水。"

老警察[16]看过光盘[54]以后很高兴，说："五天以前，我们已经知道有人在卖国家的工程[59]，我们正在找这些人做坏事的证据[61]，现在，你们送来了这光盘[54]，真是太好了! 有了这个证据[61]，这些坏人一个都跑不了[29]! 我现在就叫人把他们都抓[47]起来。要是没有这些证据[61]，要找到这些坏人很

难，要用很多时间……知道吗，你们做了一件非常大的好事！"他又对黄小明说："年轻[22]人，你能从这个大门走进来，告诉我们你是小偷儿[1]，这很不容易啊。"

　　黄小明看了看夏雨："如果没有夏雨，我可能不会这样快就走进这个大门……"

　　老警察[16]说："这两年你都在做小偷儿[1]，偷[5]别的[11]人的东西，这很不对。但是，我知道从今天开始你一定会做一个好人！你的问题我们也要很

5

10

好地想办法，一定要叫你进学校学习。"

黄小明听了很高兴，他想了想，对老警察[16]说："你要把我送进孤儿院[33]吗？没有爸爸妈妈的孩子要是都能住到孤儿院[33]里，有阿姨的爱，有衣服穿，有热的饭吃，可以上学校学习，可以做自己能做的工作，那该多好啊……"

老警察[16]说："明天，把你知道的没有爸爸妈妈的孩子都带到我这里，让我来帮助他们。"

这次，黄小明更高兴了，他没有想到，昨天他还是小偷儿[1]，还偷[5]了一个钱包[2]，今天，他和他的小偷儿[1]朋友们——当然，还有一只眼睛的小三儿，他们的新生活就要开始了！

从警察[16]那里出来，夏雨问黄小明："以后你打算怎么办？"

黄小明笑着说："如果没有你，我这个小偷儿[1]里的'大哥'真不知道以后会怎么样。现在有了你，我一定会做一个好人！对了，你不是说我很像警察[16]吗，那，我就好好儿[37]学习，以后参加警察[16]学校的考试！这就叫从小偷儿[1]到警察[16]！"

　　这样说着的时候，几辆警察¹⁶的汽车很快地开了回来，<u>黄小明</u>和<u>夏雨</u>看见，车里有好几个警察¹⁶，还有那个特别有钱⁹的男人和那两个穿黑衣服的男人，他们三个看着<u>黄小明</u>和<u>夏雨</u>，非常地不高兴。

　　<u>黄小明</u>和<u>夏雨</u>高兴地大笑起来。笑了一会儿，<u>黄小明</u>和<u>夏雨</u>才看见，他们的手，不知道什么时候已经拉⁴⁷在一起了……

5

Want to check your understanding of this part?
Go to the questions on page 60.

To check your vocabulary of this reader,
go to the questions on page 61.

To check your global understanding of this reader,
go to the questions on page 62.

生词表
Vocabulary list

1	小偷儿	xiǎotōur	thief, pickpocket
2	钱包	qiánbāo	wallet
3	事情	shìqing	matter, event, affair, thing
4	火车站	huǒchēzhàn	railway station
5.	偷	tōu	steal
6	看起来	kàn qilai	look like
7	以为	yǐwéi	be under the impression that
8	打开	dǎkāi	open up
9	有钱	yǒu qián	rich
10	一点儿事儿 都没有	yìdiǎnr shìr dōu méiyǒu	feel nothing of it
11	别的	biéde	other
12	没想到	méi xiǎngdào	have not expected that
13	被	bèi	a word used to bring in the actor or agent in a passive sentence
14	脸	liǎn	face
15	看看这儿， 看看那儿	kànkan zhèr, kànkan nàr	look around
16	警察	jǐngchá	police
17	给……找麻烦	gěi……zhǎo máfan	give sb. trouble
18	说话	shuō huà	speak, talk, say
19	好听	hǎotīng	pleasant to hear
20	一动不动	yí dòng bú dòng	keep one's body unmoved
21	行	xíng	able, competent
22	年轻	niánqīng	young

23	万	wàn	ten thousand
24	千	qiān	thousand
25	排队	pái duì	stand in a queue (or line)
26	纸	zhǐ	paper
27	得到	dédào	obtain, acquire, earn, gain
28	照相	zhào xiàng	take a picture
29	跑不了	pǎo bu liǎo	cannot escape
30	半天	bàntiān	quite a while
31	没听够	méi tīnggòu	have not heard enough
32	从小	cóngxiǎo	from one's childhood
33	孤儿院	gū'éryuàn	orphanage
34	想不到	xiǎng bu dào	cannot expect
35	画画儿	huà huàr	draw pictures
36	表演	biǎoyǎn	perform
37	好好儿	hǎohāor	all out
38	美国人	Měiguórén	American
39	下课	xià kè	get out of class
40	办公室	bàngōngshì	office
41	不停	bùtíng	continuously
42	一边	yìbiān	while, as, at the same time, simultaneously
43	英汉词典	Yīng-Hàn cídiǎn	English-Chinese dictionary
44	拍	pāi	photograph
45	开票	kāi piào	invoice (v.)
46	高高兴兴	gāogāoxìngxìng	happily
47	抓	zhuā	grab, seize, arrest
48	找不到	zhǎo bu dào	cannot find
49	声音	shēngyīn	voice, sound

50	句	jù	a measure word for sentences, lines
51	泪水	lèishuǐ	tears
52	挣	zhèng	earn (money, etc.)
53	后来	hòulái	later, later on, then, afterwards, subsequently
54	光盘	guāngpán	CD, disk
55	出	chū	come out
56	画面	huàmiàn	image (of movie, TV, etc.)
57	局长	júzhǎng	director general
58	官比局长大	guān bǐ júzhǎng dà	the rank is higher than director general
59	工程	gōngchéng	(architecture) works
60	白	bái	in vain (adv.)
61	证据	zhèngjù	evidence, proof
62	放过	fàngguo	let off, let go
63	要不然	yàoburán	otherwise
64	木板	mùbǎn	plank, board, floor-board
65	窗户	chuānghu	window
66	拿开	nákāi	take away

练 习
Exercises

1. 黄小明是个小偷儿¹

根据故事选择正确答案。Select the correct answer for each of the questions.

(1) 黄小明看起来⁶像小偷儿¹吗？

　　a. 像　　　　　　　　　b. 不像

(2) 黄小明认为，在火车站⁴哪里是偷⁵东西的好地方？

　　a. 火车站⁴的大门前边　　b. 火车站⁴的餐厅

(3) 黄小明怎么知道那个男人很有钱⁹？因为

　　a. 那个人的包很不错　　b. 那个人是个外国人

(4) 为什么黄小明只偷⁵那些特别有钱⁹的人？因为

　　a. 那些人的钱不知道从哪儿来的

　　b. 偷⁵那些人很容易

(5) 黄小明偷⁵到那个有钱⁹男人的钱包²了吗？

　　a. 偷⁵到了　　　　　　b. 没偷⁵到

2. 一只眼睛的小三儿

根据故事选择正确答案。Select the correct answer for each of the questions.

(1) 黄小明为什么不喜欢小三儿？因为小三儿

　　a. 偷⁵没钱的人　　　b. 只有一只眼睛，不好看

(2) 黄小明看到那个女孩为什么有点儿紧张？因为

　　a. 那个女孩很漂亮　　b. 他在电视上见过那个女孩

(3) 小三儿偷⁵了那个女孩的钱包²，黄小明做什么了？

　　a. 他告诉警察¹⁶让他们抓小三儿

　　b. 他让小三儿把钱包²还给那个女孩

(4) 为什么很多小偷儿¹叫黄小明"大哥"，还很听他的话？因为

　　a. 黄小明很会偷⁵钱　　　b. 小偷儿¹们觉得黄小明很好

(5) 小三儿最后把钱包²还给那个女孩了吗？

　　a. 还了　　　　　　　　b. 没还

3. "我觉得你特别像警察¹⁶！"

根据故事选择正确答案。 Select the correct answer for each of the questions.

(1) 夏雨来北京做什么？

　　a. 上学　　　　　　　　b. 工作

(2) 在公共汽车上，看见有人偷⁵了老奶奶的钱包²，黄小明做什么了？

　　a. 他大喊"有小偷儿¹"

　　b. 他把钱包²"偷⁵"回来还给了老奶奶

(3) 夏雨问黄小明是做什么的，黄小明说什么？

　　a. 我是警察¹⁶　　　　　b. 我在一家公司工作

(4) 黄小明为什么喜欢夏雨的大学？因为这个大学

　　a. 有一种让人很舒服的东西

　　b. 有很多有钱⁹人，他可以偷⁵很多钱

(5) 那天晚上，黄小明为什么不能很好地睡觉？因为

　　a. 他想着夏雨和大学　　　b. 他怕小三儿打他

4.一万[23]块钱换两千[24]块?

根据故事选择正确答案。 Select the correct answer for each of the questions.

(1) 谁告诉那个男人黄小明偷[5]了他的钱包[2]?

    a. 小三儿   b. 火车站[4]门口的一对男女

(2) 一看见黄小明,那个男人做什么了?

    a. 让他旁边的两个男人抓黄小明

    b. 打电话给警察[16]

(3) 他们最后在公共汽车上抓到黄小明了吗?

    a. 抓到了   b. 没抓到

5. 黄小明脸[14]红了,夏雨的脸[14]也红了

根据故事选择正确答案。 Select the correct answer for each of the questions.

(1) 黄小明怎么知道夏雨在图书馆?

    a. 夏雨的同学告诉他的   b. 他给夏雨打电话了

(2) 图书馆的人为什么很不高兴地看着黄小明? 因为黄小明在图书馆里

    a. 大叫夏雨的名字   b. 打电话给夏雨

(3) 夏雨在图书馆做什么?

    a. 看书   b. 工作

(4) 夏雨看到黄小明来了,她让黄小明做什么?

    a. 等她一会儿   b. 先回去,明天再见

6. 夏雨的路

7. "我是小偷儿[1]……"

下面关于夏雨和黄小明的说法哪个对,哪个错? Among the following statements about Xia Yu and Huang Xiaoming, mark the correct ones with "T" and incorrect ones with "F".

(1) 夏雨的爸爸妈妈病死了。　　　(　)

(2) 夏雨是在叔叔家长大的。　　　(　)

(3) 夏雨能上大学,得好好儿谢谢有钱[9]
　　的白阿姨。　　　　　　　　　(　)

(4) 夏雨常常一边[42]工作,一边[42]学习。(　)

(5) 夏雨从小到大生活得很快乐。　(　)

(6) 黄小明不知道自己的爸爸妈妈是谁。

　　　　　　　　　　　　　　(　)

(7) 因为黄小明听说北京有很多挣[52]钱
　　的工作,所以他来到了北京。　(　)

(8) 在黄小明没钱没东西吃的时候,一个
　　有钱[9]人打了他。　　　　　　(　)

(9) 从开始偷[5]东西到现在,他从来不偷[5]
　　没钱人的钱。　　　　　　　　(　)

根据第7章的故事选择正确答案。Select the correct answer for each of the questions according to chapter 7.

(1) 黄小明和夏雨去火车站[4]的西边做什么?

　　　　a. 去书店买词典　　　　　b. 去看电影

(2) 黄小明看见那两个男人向他跑过来,他对夏雨说什么?

    a. 不要跟着我!   b. 跟我一起跑!

(3) 听说黄小明是小偷儿[1]以后,夏雨做什么了?

    a. 想要离开黄小明   b. 想知道为什么

(4) 最后黄小明和夏雨为什么去了黄小明住的地方? 因为

    a. 黄小明要送夏雨一本书

    b. 他们想知道那个钱包[2]里有什么

8. 问题就在一张小小的光盘[54]里

下表列出了光盘[54]里的主要画面[56],但是不完全,请根据故事内容把每个空填上。The table below gives some images in the disk, please fill in the blanks to complete the outline.

画面[56]	谁/什么事 (Who & What)
前面的画面[56]	那个有钱[9]的男人和＿＿＿＿＿＿一起吃饭。吃完饭,那个有钱[9]的男人＿＿＿＿＿＿。
后面的画面[56]	那个有钱[9]的男人和一个女人＿＿＿＿＿,还＿＿＿＿＿,还说＿＿＿＿＿多多帮忙。
最后的画面[56]	＿＿＿＿从那个有钱[9]的人那里＿＿＿＿＿。那个人官比局长大[58],因为＿＿＿＿＿。

下面的说法哪个对,哪个错?Mark the correct ones with "T" and incorrect ones with "F".

(1) 那个光盘[54]是那个有钱[9]人拍[44]的。 (　　)

(2) 那个有钱[9]的人是用钱买国家的工程[59]来挣[52]更多的钱。

                                      (　　)

（3）知道黄小明有麻烦，夏雨让他赶快跑到别的地方去。（　　）

（4）黄小明最后想把那个光盘⁵⁴还给那个有钱⁹人。（　　）

9."对不起，再见!"

根据故事给下列句子排序。 Reorder the following sentences according to the plots of this chapter.

（1）他们抓走了黄小明，但是夏雨跑掉了。

（2）那些人在黄小明的衣服里没找到光盘⁵⁴，就去了黄小明的家。

（3）在黄小明和夏雨去找警察¹⁶的路上，那个有钱⁹人开着车来了。

（4）在黄小明的家里，那些人找到了钱包²。

（5）那些人正高兴的时候，黄小明从他的房子跳到山上跑了。

10. 如果没有你

根据故事选择正确答案。 Select the correct answer for each of the questions.

（1）那个光盘⁵⁴最后到了谁的手上？

　　　a. 警察¹⁶　　　　　　　b. 小三儿

（2）要是没有谁，黄小明不会去警察¹⁶那里？

　　　a. 夏雨　　　　　　　　b. 小三儿

（3）警察¹⁶知道黄小明是小偷儿¹以后，他做了什么？

　　　a. 抓住他不让他走　　　b. 要帮助他上学

（4）最后那个有钱⁹人怎么了？

　　　a. 跑了　　　　　　　　b. 让警察¹⁶抓住了

（5）黄小明和夏雨最后在一起吗？

　　　a. 在一起，因为夏雨也喜欢黄小明。

　　　b. 没在一起，因为夏雨不喜欢黄小明以前是小偷儿¹。

词汇练习 Vocabulary exercises

选词填空 Fill in each blank with the most appropriate word

1. a. 打算　　b. 打坏　　c. 好用　　d. 快极了　　e. 买回
   (1) 小三儿的眼睛是去年偷⁵东西的时候被³人_____的。
   (2) 黄小明一看见那个特别有钱⁹的人就_____偷⁵他。
   (3) 虽然小三儿只有一只眼睛，可是这只眼睛很_____。
   (4) 那个有钱⁹人想用一万²³块_____他的钱包²。
   (5) 黄小明跑得_____，很快就追上了小三儿。

2. a. 旧　　b. 差不多　　c. 旅行　　d. 忘　　e. 病死
   (1) 老奶奶给黄小明的衣服虽然很_____，但是干净、暖和。
   (2) 黄小明的爸爸妈妈是_____的。
   (3) 小山和黄小明住的房间_____一样高。
   (4) 夏雨的阿姨还带她去_____。
   (5) 黄小明和夏雨在一起很快乐，他把什么都_____了。

3. a. 记　　b. 站不起来　　c. 不好意思　　d. 复习　　e. 开始
   (1) 黄小明一直_____着那些帮助他的没钱的人。
   (2) 黄小明大叫夏雨的名字，图书馆的人都看他，他觉得很
      _____。
   (3) 黄小明又冷又饿，快要_____了。
   (4) 孤儿院³³的阿姨请了一个人帮夏雨_____英语。
   (5) 警察¹⁶说要帮助黄小明，黄小明很高兴，因为他的新生活
      就要_____了。

综合理解 Global understanding

根据整篇故事选择正确的答案。Select the correct answer for each of the gapped sentences in the following passage.

黄小明是一个"好"小偷儿¹。他（a. 谁的钱都偷⁵ b. 只偷⁵有钱⁹人）。

这一天，黄小明偷⁵了一个（a. 有钱⁹的 b. 没钱的）男人。也在这一天，小三儿偷⁵了一个（a. 有钱⁹的 b. 没钱的）女孩。黄小明让小三儿把钱包²还给了那个女孩，还（a. 送那个女孩去她的学校 b. 送给那个女孩一本词典）。他喜欢那个叫夏雨的女孩。

他没想到¹²第二天，（a. 小三儿 b. 警察¹⁶）带着那个有钱⁹的男人来抓⁴⁷他。他跑得很快，那个男人没抓⁴⁷到他。他来到了夏雨的学校。

夏雨告诉他，她没有爸爸妈妈。虽然她没有钱，可是（a. 她自己挣⁵²钱 b. 孤儿院³³的阿姨给她很多钱）。黄小明觉得很不好意思，因为他也没有钱，可是他偷⁵别人的钱。

这时候，那个有钱⁹的男人身边的人在书店门口看见了黄小明和夏雨，他们（a. 要抓⁴⁷黄小明 b. 给警察¹⁶打电话），（a. 黄小明和夏雨一起很快地跑了 b. 黄小明先跑了）。后来⁵³黄小明告诉了夏雨钱包²的事情³，他们在那个钱包²里找到一个光盘⁵⁴。那个光盘⁵⁴里有那个有钱⁹的男人（a. 用钱买国家工程⁵⁹的 b. 卖不好东西的）画面⁵⁶。夏雨让黄小明（a. 把光盘⁵⁴送到警察¹⁶那里 b. 自己拿着光盘⁵⁴跑）。那些男人找到黄小明。他们开车抓⁴⁷走了黄小明，去他家找（a. 光盘⁵⁴ b. 小三儿），这时黄小明（a. 从他的房间跳到山上 b. 打了那些男人）跑了。

黄小明带着光盘⁵⁴去警察¹⁶那里。警察¹⁶知道他是小偷儿¹以后，没有抓⁴⁷他，还说要帮助他（a. 上学 b. 杀那些坏人）。最后那个有钱⁹的男人被¹³（a. 警察¹⁶抓⁴⁷住了 b. 别的人杀了）。黄小明和夏雨最后也成了朋友。

练习答案

Answer keys to the exercises

1. 黄小明是个小偷儿[1]

(1) b   (2) a   (3) a   (4) a   (5) a

2. 一只眼睛的小三儿

(1) a   (2) a   (3) b   (4) b   (5) a

3. "我觉得你特别像警察[16]！"

(1) a   (2) b   (3) b   (4) a   (5) a

4. 一万[23]块钱换两千[24]块？

(1) a   (2) a   (3) b

5. 黄小明脸[14]红了,夏雨的脸[14]也红了

(1) a   (2) a   (3) b   (4) a

6. 夏雨的路

7. "我是小偷儿[1]……"

(1)F   (2)F   (3)F   (4)T   (5)T

(6)F   (7)T   (8)F   (9)T

(1) a   (2) a   (3) b   (4) b

8. 问题就在一张小小的光盘⁵⁴里

画面⁵⁶	谁/什么事（Who & What）
前面的画面⁵⁶	那个有钱⁹的男人和一个局长⁵⁷一起吃饭。吃完饭，那个有钱⁹的男人给了那个局长⁵⁷很多钱。
后面的画面⁵⁶	那个有钱⁹的男人和一个女人吃饭，还给了她很多钱，还说让她的先生多多帮忙。
最后的画面⁵⁶	一个男人从那个有钱⁹的人那里拿了很多钱。那个人官比局长⁵⁸大，因为他在电视上出来过。

（1）T　　（2）T　　（3）F　　（4）F

9. "对不起，再见!"
（3）　　（1）　　（2）　　（4）　　（5）

10. 如果没有你
（1）a　　（2）a　　（3）b　　（4）b　　（5）a

词汇练习 Vocabulary exercises

1. (1)b   (2)a   (3)c   (4)e   (5)d

2. (1)a   (2)e   (3)b   (4)c   (5)d

3. (1)a   (2)c   (3)b   (4)d   (5)e

综合理解 Global understanding

黄小明是一个"好"小偷儿[1]。他(b. 只偷[5]有钱[9]人)。

这一天,黄小明偷[5]了一个(a. 有钱[9]的)男人。也在这一天,小三儿偷[5]了一个(b. 没钱的)女孩。黄小明让小三儿把钱包[2]还给了那个女孩,还(a. 送那个女孩去她的学校)。他喜欢那个叫夏雨的女孩。

他没想到[12]第二天,(a. 小三儿)带着那个有钱[9]的男人来抓[47]他。他跑得很快,那个男人没抓[47]到他。他来到了夏雨的学校。

夏雨告诉他,她没有爸爸妈妈。虽然她没有钱,可是(a. 她自己挣[52]钱)。黄小明觉得很不好意思,因为他也没有钱,可是他偷[5]别人的钱。

这时候,那个有钱[9]的男人身边的人在书店门口看见了黄小明和夏雨,他们(a. 要抓[47]黄小明),(a. 黄小明和夏雨一起很快地跑了)。后来[53]黄小明告诉了夏雨钱包[2]的事情[3],他们在那个钱包[2]里找到一个光盘[54]。那个光盘[54]里有那个有钱[9]的男人(a. 用钱买国家工程[59]的)画面[56]。夏雨让黄小明(a. 把光盘[54]送到警察[16]那里)。那些男人找到了黄小明。他们开车抓[47]走了黄小明,去他家找(a. 光盘[54]),这时黄小明(a. 从他的房间跳到山上)跑了。

黄小明带着光盘[54]去警察[16]那里。警察[16]知道他是小偷儿[1]以后,没有抓[47]他,还说要帮助他(a. 上学)。最后那个有钱[9]的男人被[13](a. 警察[16]抓[47]住了)。黄小明和夏雨最后也成了朋友。

本书练习由王萍丽编写

为所有中文学习者(包括华裔子弟)编写的

第一套系列化、成规模、原创性的大型分级轻松泛读丛书

"汉语风"(*Chinese Breeze*)分级系列读物简介

"汉语风"(*Chinese Breeze*)是一套大型中文分级泛读系列丛书。这套丛书以"学习者通过轻松、广泛的阅读提高语言的熟练程度,培养语感,增强对中文的兴趣和学习自信心"为基本理念,根据难度分为8个等级,每一级6—8册,共近60册,每册8,000至30,000字。丛书的读者对象为中文水平从初级(大致掌握300个常用词)一直到高级(掌握3,000—4,500个常用词)的大学生和中学生(包括修美国 AP 课程的学生),以及其他中文学习者。

"汉语风"分级读物在设计和创作上有以下九个主要特点:

一、等级完备,方便选择。精心设计的8个语言等级,能满足不同程度的中文学习者的需要,使他们都能找到适合自己语言水平的读物。8个等级的读物所使用的基本词汇数目如下:

第1级:300 基本词	第5级:1,500 基本词
第2级:500 基本词	第6级:2,100 基本词
第3级:750 基本词	第7级:3,000 基本词
第4级:1,100 基本词	第8级:4,500 基本词

为了选择适合自己的读物,读者可以先看看读物封底的故事介绍,如果能读懂大意,说明有能力读那本读物。如果读不懂,说明那本读物对你太难,应选择低一级的。读懂故事介绍以后,再看一下书后的生词总表,如果大部分生词都认识,说明那本读物对你太容易,应试着阅读更高一级的读物。

二、题材广泛,随意选读。丛书的内容和话题是青少年学生所喜欢的侦探历险、情感恋爱、社会风情、传记写实、科幻恐怖、神话传说等。学习者可以根据自己的兴趣爱好进行选择,享受阅读的乐趣。

三、词汇实用,反复重现。各等级读物所选用的基础词语是该等级的学习者在中文交际中最需要最常用的。为研制"汉语风"各等级的基础词表,"汉语风"工程首先建立了两个语料库:一个是大规模的当代中文书面

语和口语语料库,一个是以世界上不同地区有代表性的40余套中文教材为基础的教材语言库。然后根据不同的交际语域和使用语体对语料样本进行分层标注,再根据语言学习的基本阶程对语料样本分别进行分层统计和综合统计,最后得出符合不同学习阶程需要的不同的词汇使用度表,以此作为"汉语风"等级词表的基础。此外,"汉语风"等级词表还参考了美国、英国等国和中国大陆、台湾、香港等地所建的10余个当代中文语料库的词词统计结果。以全新的理念和方法研制的"汉语风"分级基础词表,力求既具有较高的交际实用性,也能与学生所用的教材保持高度的相关性。此外,"汉语风"的各级基础词语在读物中都通过不同的语境反复出现,以巩固记忆,促进语言的学习。

四、易读易懂,生词率低。"汉语风"严格控制读物的词汇分布、语法难度、情节开展和文化负荷,使读物易读易懂。在较初级的读物中,生词的密度严格控制在不构成理解障碍的1.5%到2%之间,而且每个生词(本级基础词语之外的词)在一本读物中初次出现的当页用脚注做出简明注释,并在以后每次出现时都用相同的索引序号进行通篇索引,篇末还附有生词表,以方便学生查找,帮助理解。

五、作家原创,情节有趣。"汉语风"的故事以原创作品为主,多数读物由专业作家为本套丛书专门创作。各篇读物力求故事新颖有趣,情节符合中文学习者的阅读兴趣。丛书中也包括少量改写的作品,改写也由专业作家进行,改写的原作一般都特点鲜明、故事性强,通过改写降低语言难度,使之适合该等级读者阅读。

六、语言自然、鲜活。读物以真实自然的语言写作,不仅避免了一般中文教材语言的枯燥和"教师腔",还力求鲜活地道。

七、插图丰富,版式清新。读物在文本中配有丰富的、与情节内容自然融合的插图,既帮助理解,也刺激阅读。读物的版式设计清新大方,富有情趣。

八、练习形式多样,附有习题答案。读物设计了不同形式的练习以促进学习者对读物的多层次理解;所有习题都在书后附有答案,以方便查对,利于学习。

九、配有录音,两种语速选择。各册读物所附的故事录音(MP3格式),有正常语速和慢速两种语速选择,学习者可以通过听的方式轻松学习、享受听故事的愉悦。故事录音可通过扫描封底的二维码获得,也可通过网址http://www.pup.cn/dl/newsmore.cfm?sSnom=d203下载。

ABOUT Hànyǔ Fēng (*Chinese Breeze*)

Hànyǔ Fēng (*Chinese Breeze*) is a large and innovative Chinese graded reader series which offers nearly 60 titles of enjoyable stories at eight language levels. It is designed for college and secondary school Chinese language learners from beginning to advanced levels (including AP Chinese students), offering them a new opportunity to read for pleasure and simultaneously developing real fluency, building confidence, and increasing motivation for Chinese learning. Hànyǔ Fēng has the following main features:

☆ Eight carefully graded levels increasing from 8,000 to 30,000 characters in length to suit the reading competence of first through fourth-year Chinese students:

Level 1: 300 base words	Level 5: 1,500 base words
Level 2: 500 base words	Level 6: 2,100 base words
Level 3: 750 base words	Level 7: 3,000 base words
Level 4: 1,100 base words	Level 8: 4,500 base words

To check if a reader is at one's reading level, a learner can first try to read the introduction of the story on the back cover. If the introduction is comprehensible, the leaner will be able to understand the story. Otherwise the learner should start from a lower level reader. To check whether a reader is too easy, the learner can skim the Vocabulary (new words) Index at the end of the text. If most of the words on the new word list are familiar to the learner, then she/ he should try a higher level reader.

☆ Wide choice of topics, including detective, adventure, romance, fantasy, science fiction, society, biography, mythology, horror, etc. to meet the diverse interests of both adult and young adult learners.

☆ Careful selection of the most useful vocabulary for real life communication in modern standard Chinese. The base vocabulary used for writing each level was generated from sophisticated computational analyses of very large written and spoken Chinese corpora as well as a language databank of over 40 commonly used or representative Chinese textbooks in different countries.

☆ Controlled distribution of vocabulary and grammar as well as the deployment of story plots and cultural references for easy reading and efficient learning, and highly recycled base words in various contexts at each level to maximize language development.

☆ Easy to understand, low new word density, and convenient new word glosses and indexes. In lower level readers, new word density is strictly limited to 1.5% to 2%. All new words are conveniently glossed with footnotes upon first appearance and also fully indexed throughout the texts as well as at the end of the text.

☆ Mostly original stories providing fresh and exciting material for Chinese learners (and even native Chinese speakers).

☆ Authentic and engaging language crafted by professional writers teamed with pedagogical experts.

☆ Fully illustrated texts with appealing layouts that facilitate understanding and increase enjoyment.

☆ Including a variety of activities to stimulate students' interaction with the text and answer keys to help check for detailed and global understanding.

☆ Audio files in MP3 format with two speed choices (normal and slow) accompanying each title for convenient auditory learning. Scan the QR code on the backcover, or visit the website http://www.pup.cn/dl/newsmore.cfm?sSnom=d203 to download the audio files.

第2级：500 词级
Level 2：500 Word Level

电脑公司的秘密
Secrets of a Computer Company

方新写了一个很好的软件(ruǎnjiàn: software)，没想到这个软件被人盗版(dàobǎn: be pirated)了。做盗版的是谁？他找了很久也没有找到。直到有一天，小月突然发现了这里的秘密(mìmì: secret)。她把这个秘密告诉了方新。但是，就在这个时候，做盗版的人发现了小月，要杀 (shā: kill) 了她……

Fang Xin was the developer of a popular software program. But he did not anticipate that the software was soon pirated for sale in large volumes. He had been searching for the pirates for a long time, but did not find them. One day, his wife Xiaoyue overheard a phone conversation in a store. She followed the caller and discovered the pirates. Nevertheless, Xiaoyue didn't think that she was already on the brink of death...

我家的大雁飞走了
Our Geese Have Gone

二十五年前，村里的人们还不知道大雁(yàn: wild goose)是应该保护(bǎohù: protect)的动物(dòngwù: animal)。爷爷最会打雁，打了大雁拿到城里，卖了钱给我上学。

可是，有一天，爷爷没有打到雁，因为雁队里有了一只很聪明的头雁(tóuyàn: lead goose)。在头雁带着雁队要飞走的时候，一只鹰(yīng: eagle)飞了过来，飞向一只小雁！

鹰太大了，头雁和鹰打了一会儿，伤(shāng: injure)得很重。爷爷帮助头雁，打走了鹰，让头雁住在家里。头雁的女朋友也来找它了。最会打雁的爷爷有了两个大雁朋友……

72

Twenty-five years ago, people in my village did not know that wild geese should be under protection from hunting. Among the hunters, my grandpa was the best. He brought the geese he shot back to town and sold them to pay for my schooling.

However, grandpa did not shoot one single goose on that day. It was all because of the vigilant lead goose in the flock. But at the moment when the flock was flying away, an eagle came. The eagle was hungry for young geese and pounced on one! The lead goose fought and fought with the eagle. But the eagle was too strong, and the lead goose was injured.

Without hesitation, grandpa repelled the eagle away. He brought the wounded lead goose home and took good care of it. Before long, the lead goose's mate flew over to join him in our home. Grandpa, the best hunter of wild geese, now had two goose friends...

青凤

Green Phoenix

耿(Gěng)家的旧房子很长时间没人住了。不知道为什么,房子的门常常自己开了,又自己关上,看不见有人进去,也没看见有人出来,但是到了晚上,就能听见里面有人说话和唱歌。一天晚上,耿去病(Gěng Qùbìng)看到旧房子的楼上有亮光(liàngguāng: light),他就慢慢地进到房子里,走上楼。他看见那里坐着一个漂亮姑娘,还有她的家人。耿去病很喜欢那个姑娘,他想知道那姑娘是谁,他们从哪里来,为什么住在他家的旧房子里。可是,他怎么也想不到以后出了那些事……

The old house of the Geng family has been uninhabited for years. But recently the doors of the house open and close without anyone going in or out. And at night one can hear people talking and singing inside.

One dark evening, Geng Qubing sees light shining from the attic of the house. He slips into the house, and sees a pretty girl sitting with her family in the attic. Deeply attracted to the girl, Geng Qubing is determined to find out who she is, where her family is from, and why they live in his old house. But what eventually takes place is a shock for him!

妈妈和儿子
Mother and Son

十几岁的儿子因为不快乐,离开了家,不知道去了哪里。妈妈找了很多地方,都没有找到他。为了等儿子回来,妈妈不出去见朋友,不去饭店吃饭,不出去旅行,不换住的房子,也不改电话号码。她就这样每天在家里等着儿子,等了一年又一年……

后来,儿子想妈妈了,他回来了。可是,家里的妈妈呢?妈妈在哪儿?!

A teenage boy left home because he thought he was unhappy. Nobody knew where he went. His mother was looking for him all around, but she did not find him. To wait for her son's coming back, she never went out with friends, never ate out, and never traveled away. She did not accept a great offer for relocating her home, or even changing her home phone number. She just stayed at home and waited for her son. She waited and waited for years.

One day, the son came back, missing his mother. However, the mother was not at home anymore...

出事以后

After the Accident

一个冬天的晚上，女老师在路上骑着自行车，她要回家，却突然倒(dǎo: fall)在了一辆汽车前面。开车的人马上停车，把女老师送到了附近的医院，给女老师挂号(guà hào: register for seeing a doctor)看病。

"病人叫什么名字？""她怎么了？""你是她的家人吧？"……护士(hùshi: nurse)有很多问题，可是开车的人什么也不回答，很快就走了。

……

但是，最后女老师还是找到了他。

One winter night, a teacher was on her way home. Suddenly she fell down from her bicycle in front of a car. The driver stopped his car right away and brought the teacher to a hospital nearby.

"The patient's name, please?" "What's the problem?" "Are you her relative?"... The nurse asked quite a few questions. But the driver answered nothing. He then quickly disappeared.

...

In the end, however, the teacher still saw the driver.

一张旧画儿

An Old Painting

旧画儿商店的老爷爷又一次把那张旧画儿拿起来，从上看到下，从左看到右，再慢慢拿高一点儿，好好儿地又看了几分钟。看着看着，他的眼睛一点儿一点儿地变大了。他看着站在边上的傻小，一个收破烂的孩子："孩子，我给你钱！给你很多很多的钱，够你家的人用一百年——你把画儿卖给我！"

可是，傻小说："对不起，老爷爷，这画儿我不能卖……"

In the art dealer's shop, the old gentleman picked up the old painting once again. He looked it up and down, left and right. He held it up, contemplating it for a few minutes. His eyes opened wider and wider. Finally, he turned to Shaxiao, the Little Silly, a rag boy who stood nearby, and said: "Sell this painting to me. I'll pay a lot of money, enough for your family to live on for a hundred years!"

Surprisingly, Shaxiao replied, "Sir, I'm sorry. But I can't sell it to you..."

第3级：750词级
Level 3: 750 Word Level

第三只眼睛
The Third Eye

画皮
The Painted Skin

留在中国的月亮石雕
The Moon Sculpture Left Behind

朋友
Friends

第4级：1,100词级
Level 4: 1,100 Word Level

好狗维克
Vick the Good Dog

两件红衬衫
Two Red Shirts

竞争对手
The Competitor

沉鱼落雁
Beauty and Grace